कीमती जज्बे

(काव्य संग्रह)

सीता प्रजापति "प्रियम"

PRACHI
DIGITAL PUBLICATION

Title : Keemti Jazbe
Author : Sita Prajapati
Edition : First (July, 2024)
ISBN : 9788198849809

Published by

PRACHI
DIGITAL PUBLICATION

Regd. Add.: 254, Khuriyakhatta No. 10, Bindukhatta,
Lalkuan, Nainital - 262402, Uttarakhand, India
Website : www.prachidigital.com
E-mail : info@prachidigital.in
Phone : +91 976041 7980, +91 976041 8103

Printed by :
Manipal Technologies Limited, Bengaluru - 560001, Karnataka

अनुक्रमणिका

कीमती जज्बे

(काव्य संग्रह)

अख्तियार

कितना अख्तियार है तुम्हे?
और कितने बेअख्तियार हो तुम!
कभी बैठकर सोचना,
तुम्हारे हुकुम पर
बहुत कुछ गलत हो सकता है!
कभी सही करना हो तो,
वो तुम्हारे अख्तियार में नहीं है!
क्योंकि
असल में,
तुम सब होते ही गलत हो
कैसे किसी के साथ
सही कर पाते!!

रूहानी कहानी

उसके सताए हुए लोग पानी मांग रहे है
यानी फिर उससे लाभ व हानि मांग रहे है
बिखेर कर शब्दों को जो भूल गए थे कभी
अब वो उनके अलग मानी मांग रहे है
राजा जो मर गया बिन ब्याह किए ही
अवाम उस राजा की अब रानी मांग रहे है
था अजीब वो शख्स कोई नहीं हुआ उस जैसा
और बेकद्रे लोग अब उसका सानी मांग रहे है
लिखी नहीं गई शब्द बह गए आंसुओं में सारे
हैरत है उसकी आपबीती कहानी मांग रहे है

मौत

पता करो कहां जाके छुप गया है वो
अभी मुक्कमल जो मरा नहीं है
मिन्नते करता था कि नहीं जीना है मुझे
जीने से फिर भी उसका अभी जी भरा नहीं है
सिलसिलेवार कटी उम्र उसकी फिर भी देखो
किसी भी उम्र की शर्म उसे जरा नहीं है!

सिकंदर

किसी ने हद कर दी तो कोई हद से ही गुजर गया
वफ़ा के झंडे लहराने वालो तुम्हारा ईमान किधर गया
बड़बोले हर भीड़ में चीख चीख कर बोलते रहे है
भीड़ छटने पर उनका हर लफ्ज़ बिखर बिखर गया
कलंदरो ने भी सुनी हर बात गौर से सबकी फिर
कहां से चुनेंगे झूठे, बेइमानों को ये फिकर गया
देखो ऐसी बाते बोलकर भी चलते है अकड़ कर
जैसे दुनिया को जीत के आखिरी सिकंदर गया!

अहसास

तोड़ा ही इस कदर गया हूं
कि
टुकड़ा टुकड़ा मेरे काम आया;
ख्याल आया ख्यालों की दुरुस्ती में
मन अंतरमन को जगाने
दिल
तो बस दिल नहीं रह गया
दिमाग की जगह काम कर गया!
दिमाग
दिमाग की न पूछे?
गज़ल बनी
बनी नज्म
और कई कविताएं रची!
विचारों का तो क्या कहने
कहां कहां से आकर जमा हुए;
कुछ दर्शन समझा
तो कुछ मनोविज्ञान
कुछ ध्यान साधना!
और अधिक पार गए,
तोड़ने वालों का शुक्रिया!!
न करते ऐसा तो न
"खयालात की पूंजी"
होती
न "नसीहत"
मिलती!
न "कीमती जज्बे" होते!

फर्क

लोग कहते है कि
मेरे मर जाने पर
किसी को क्या फर्क पड़ता है,
फर्क पड़ता है,,,,,
जब मर जाने की हालत में
जी कर दिखला देना
बहुत बड़ा फर्क डालता है!
जब कोई कहे कि
मर क्यों नहीं जाते?
जब जी नहीं सकते
तो!
ऐसे हालात में
जी कर दिखा देना
फर्क पड़ता है,
बहुत फर्क पड़ता है!

गए गुजरे

कई गए गुजरे लोगों के होने से,
जो गुजर गए वो ठीक रहते है
कम से कम
उनके गुजर जाने से ज्यादा
पीड़ा नहीं होती; क्योंकि
ये तो एक दिन होना होता है
लेकिन
गए गुजरे लोगों के होने का
दुख कितना बड़ा होता है
वैसे ही जैसे
मरहूमियत की पीड़ा से
छिल जाने का भारी दर्द!

तरंग

आसमान सोच रहा है जमी तंग हो गई है
देख कर ये तमाशा दुनिया तो दंग हो गई है
हुआ कुछ भी नहीं फिर भी जंग हो गई है
बावजूद इतने बिखरे रंगों के दुनिया बेरंग हो गई है
रुक गए रस्ते राहें भी देखो अब सुरंग हो गई है
कौन ठहरेगा ऐसी दुनिया में जो मोहभंग हो गई है
कुदरत के नजारे हुए तो बहार संग हो गई है
हम जैसे कलंदरो की तो हर हवा जैसे तरंग हो गई है

बात

समय की बात है
वक्त की सौगात है
कोई दौलत डाल है
तो कोई पात पात है
कोई धर्म में उलझा है
तो किसी में जात पात है
किसी को मिली है शह
कोई दे गया मात है
कुछ कर जाते घात तो
कोई सह जाता आघात है

मुझसा

मुझे तो! मुझसा कभी कोई मिला नहीं
फिर भी किसी से भी कोई गिला नहीं
इसके मायने ये नहीं कि मर ही जाए
लेकिन जिंदगी का ऐसा तो कोई सिला नहीं
तिश्नगी मिटाने को हलावत न हो तो क्या
मिला कर पानी में जहर तो पिला नहीं
टूटा हूं, बिखरा नहीं हौसला मेरा अभी
इरादों को मेरे इस तरह तो हिला नहीं
जोड़ कर चट्टान सा हो गया हूं मैं अब तो
सुन! कच्ची मिट्टी से बना कोई किला नहीं

अंतर

दर्द और पीड़ाएं
उभरी हुई होती है,
किसी बाहरी फोड़े की तरह
अपने आकार से बड़ी
और फिर वो ताउम्र रहता है
उभरा हुआ सा
सुख
होता तो है लेकिन
दबा दबा सा
पता नहीं
कब पूरा दबकर
अपना अस्तित्व खो दे!
यही अंतर है
दर्द और सुख में!

मेने रूह बचा ली

मुझे!
अग्नि के हवाले किया जाएगा;
तो
मुझमें क्या जलेगा?
मन तो करोड़ों बार मारा है मेने, जलाया भी!
इतना पुराना
मन जल पाएगा?
या
जर्जर होकर बिखर जाएगा?
दिमाग?
उसको कोई कैसे जलाएगा
वो तो
मेरी पुस्तकों के हर पेज पर छितरा है!
जिस्म?
जलाने को जो बढ़ेंगे हाथ
क्या कोई
इसका हक अदा कर पाएगा?
तो फिर
कोई कैसे ये सब कर पाएगा?
मैं मर जाऊ और जलु भी नहीं
क्या मरने से पहले
किसी ने भी जलाया नहीं होगा?
फिर मेरे मरने से
मेरे जिंदा रहने से क्या होगा?
बावजूद इसके
मेने रूह बचा ली
न मरेगी न जलेगी!

क्लांत मन

कभी शब्दों से
कभी भावों से
तुमने अक्सर ज़ख्मों को कुरेदा है
यद्यपि
तुम्हारी मंशा
नहीं रही होगी ऐसी,
परन्तु
मेरी गति
ज़ख्मों से पीड़ित स्थिति में
अक्सर
मेने महसूस किया
कि भरते हुए घावों में
तुम्हारी बातों के नाखूनों से
अक्सर खुरचते गए घावों से
रिसता रहा रक्त
आंखों में पानी बनकर बहा है!
सुना है;
वक्त हर घाव का मरहम होता है
लेकिन
भरते हुए घावों में यादों की खरोचों से
नासूर बनने के भय से
आशंकित मन
सदा क्लांत रहता है!

मां

तुम्हारे नहीं रहने पर
सब रिश्ते
बेगाने लगते है
जबकि
रिश्तों की इस दुनिया में
सब रिश्ते
तुमसे जुड़कर ही
मुझ तक पहुंचे है;
कभी महसूस किया तुमको
भाई में
कभी बहनों में
लेकिन
तुम्हारी पूर्णता
किसी रिश्ते में
नहीं पाने का
दुख
हमेशा सालता है!

पहचान

ये चांद मेरा महबूब है
किरणे मेरी सहेलियां
सूरज से मेत्री है मेरी
जन्मों जन्मों की!
सितारे जो
फ़लक में चमक रहे है
सारे के सारे मेरे सहपाठी है!
हवाएं
जो बहती रहती है
मेरे जीवन की खुशबुएं है
धूप
जो आंगन में आकर पसरती है
जीवन की
आग और रोशनी है!
पेड़, पौधे, झरने तो
सांसों के चलने में सहायक है मेरे,
और सुनो!
ये जो चलते फिरते
जनसमूह नजर आते है न
मिलते है मुझे
हर जन्म में
कही न कही
संगीत की तरहा
बस पहचान नहीं पाते
"वो" भी "मै" भी

जो बिछुड़ कर नहीं रोया

जो बिछुड़ कर नहीं रोया
गले मिल के रोना चाहता है
रुला के गया तो था कभी
खुद रोया तो कदमों में सोना चाहता है

दिल छोटा था भीड़ बहुत थी
आराम था थोड़ा, पर पीड़ बहुत थी
नहीं निकालते तो आखिर क्या करते
वहां हालत अपनी क्षीण बहुत थी

वो किसी का सगा नहीं है
कौन है जिसको ठगा नहीं है
क्या ये जुल्म और दगा नहीं है
उसको कभी ये लगा नहीं है

वो जिनके जमीर जिंदा है

वो जिनके जमीर जिंदा है
पर आप क्यों शर्मिंदा है
आप अंधेरे में रहते हो
हम तो फिर भी ताबिंदा है

वो मुझे कह कर डर गया
उस कथन से मै मर गया
कहे से हुआ तो खुशी हुई उसे
फिर वो हर कहे से मुकर गया

मैं तुम्हारी रजा में थी

मैं तुम्हारी रजा में थी
फिर भी सजा में थी
ऐसा क्या हुआ आखिर
उम्र भर क़ज़ा में थी

आधा हो पर सादा हो
रूप कम वफ़ा ज्यादा हो
निभ जाए ऐसा वादा हो
गर श्याम है तो फिर राधा हो

मैं बांटना भी नहीं चाहती जिसे

मैं बांटना भी नहीं चाहती जिसे
वो शख्स टुकड़े टुकड़े बिखर गया
उसका ख्याल है कि वो निखर गया
मेरा ख्याल से वो किधर गया

करुणा मेरी कठोर है
ओर है न कोई छोर है
आनंद पोर पोर है
न मौन है न शोर है

जो बिछुड़ना नहीं चाहता

जो बिछुड़ना नहीं चाहता
वो मिलने से डरता है
नहीं मिलने के बहाने से
तिल तिल कर मरता है

मेरी आह पर वो वाह बोले
किस कीमत में मुझे वो तोले
गर हो ऐसा ही हाल तो फिर
कोई कैसे अपने ज़ख्मों को खोले

हासिल करने की जिद

हासिल करने की जिद
खोने की पीड़ा से बड़ी हो जाए
उस के सामने भी कोई
आफत आकर खड़ी हो जाए

कुछ अहम से मर गए
कुछ वहम से मर गए
बाकी बचे जो लोग थे
हादसों में सहम के मर गए

दौलत की बदौलत

दौलत की बदौलत
सबको जो तौलत
मन जिसका डोलत
कैसे कोई भरम खोलत

पता ही नहीं चलता
तंज है या तारीफ़
मैं सादा दिल इंसान
समझ ही नहीं पाया हरीफ

निखालिश

प्रेम में
बिछुड़े हुए लोग,
असल में
बिछुड़ते नहीं है
वे विलग हुए साथी की
सर्दी में
ठिठुरती हुई रातों में
मिलन की प्रतिक्षा नहीं करते;
वे लोग ऐसी ठिठुरन में
रात के गुजरने की प्रतीक्षा
सूर्योदय के आगमन की करते है,
जो पूरे ब्रह्मांड को
तपिश देता है,
जिसमें तप कर, पिघल कर
प्रेमी
आध्यात्मिक रोमांस से
भर जाता है;
निखालिश!!

जर्द रंगत

यादों पर ताला पड़ा था
उम्मीदों पर पाला पड़ा था
कैसे कबूल होती उसकी दुआएं
मन में तो जाला पड़ा था
जिंदा भी वो बचता कैसे भला
जहर से भरा तस्तरी में निवाला पड़ा था
गुलाबी रंगत जर्द हो गई देखो;
गिरने से पहले पत्ता काला पड़ा था!

दुनियां

सब की जो
दुनियां है;
वो मेरी भी दुनिया है
फिर भी
मेने इस दुनिया से परे
अपनी
दुनिया बनाई है
जिसमें
सबकी दुनिया का
कोई भी नहीं है
नितांत अकेली सी
यानी
संपूर्णता से सराबोर!
मेरी दुनिया!

मशीयत

सब साथ हो जाए तो फजीहत करते है
गर मिल जाए अकेले तो नसीहत करते है
अजीब लोग है, क्यों करते ऐसा भला वो
लगता है एक दूसरे को वो अजीयत करते है
गरज से लगते है साथ हमारे कामों में
जाहिर करते है हमारे लिए सहूलियत करते है
कहने को तो साथ साथ कोई चलता है हमारे वो
सब लोग अपनी गरज से मशीयत करते है!

अजीयत : खराबा
मशीयत : मर्जी

नसीब

मै खींच ही लूंगा सांसों की तरह जीवन को भी
ए नसीब! तू फालतू की दखलंदाजी न किया कर
बता दिया कर कितने तीर बचे है तरकश में अब
जो लगे न निशाने पे तो खामखां तीरंदाजी न किया कर
बात जो जची हो किसी के अंदाज से खुद की
ऐसे शख्स की बात को नजरंदाज न किया कर
कोई दे तवज्जो तुम्हे और हयात के गुजारने का सलीका
ऐसे आला ज़र्फ़ की अदब लिहाज भी किया कर
डट कर रहे, डरे नहीं गुजर बसर कर हयात को
अपने होने की तू इस तरह असरंदाजी किया कर

आला ज़र्फ़ : विशाल हृदय
हयात : जीवन
अदब लिहाजी : सम्मान करना

विकल्प

आज फिर
उन्होंने;
मुआवजे में
अतीत मांगा है,
वो अतीत;
जिसको सौप कर
निश्चिंत हो गई थी!
लेकिन
ऐसा नहीं है ,
दिन प्रतिदिन
गहरी होती आत्मीयता को
ऐसे सवाल हिलाकर रख देते है
जीने और मरने का
भ्रम टूटने लगता है!
खामोश रहना पड़ता है
जवाब से मेरी
वो संतुष्ट नहीं है!
कई बार बोलना जितना कठिन होता है
उससे कई अधिक कठिन
चुप रहना लगता है लेकिन
चुप रहने और सहने के अलावा
विकल्प की
कोई चाह नहीं रहती!

भरम

सारे छिद्रों को हर रोज भरना पड़ता है
कई बार मरे बिना ही मरना पड़ता है
कोई खौफ ही नहीं कि मौत आयेगी ही
जिंदगानी से भी कभी कभी डरना पड़ता है
कोई किसी का नहीं इस दुनिया में मगर
आखिर में सबको धीरज तो धरना पड़ता है
जो सावन में अंधे हो जाए उनको तो फिर
उम्र भर भरम ने हरा हरा चरना पड़ता है

काग़ज़ी जीवन

काग़ज़
गलने लगा है
अक्षर,
अमिट कैसे रह गए?
काग़ज़ को
बचाने की खातिर
जतन किए
तो अक्षर मिटने लगे;
काग़ज़ की मौजूदगी
व्यर्थ हो गई!
बस
ऐसे ही समयकाल का
काग़ज़
गल ही जाता है,
लिखा कुछ भी हो मिट ही जाता है,
ठीक वैसे ही
जैसे जीवन भी होता है
समय का कागज
गल जाने पर
जीवन में लिखा मिट जाता है!

निर्लज्ज

मै गुनाह की माफ़ी की बात करता हूं,
वो निर्लज्ज जन्नत का तकाज़ा करता है!
उकेर नहीं सकता सीधी लकीरें भी
और वो चाह स्याही व परकाजा करता है
बहलाकर ले जाता है दोस्तो को शिकार पर
मारने को उन्हें वो तामीर काजा करता है
दफना कर दोस्तो के जिस्म लौट कर शहर में
पूरे गुमान में खुद को बड़ा ना जा करता है

तकाज़ा : मांग
पर काजा : कूंची, तूलिका
नाज़ा : अभिमान

विडम्बना

सब डरे हुए है, सबको धंधे करने है
हमें क्या? हमको ताल्लुक मंदे करने है
कैसे कोई पार पड़ेगा सो जमा चंदे करने है
झूठ को सच बता बता कर सबको अंधे करने है
नहीं कोई होता शामिल इन मजमा में तो
इनके खातिर बेवजह फांसी के फंदे करने है

बुरहान

इमकान हो और ईमान न हो
बन्दा इतना भी बेईमान न हो
बो तो रहे हो नफरत के कांटे तुम
देख लेना कोई जमी पीरान न हो
उजाड़ने को तुम निकले तो हो
पता करो वो पहले से ही वीरान न हो
तुम्हे खबर नहीं झूठ पर चाहते हो जीतना
याद रखना बंदा कोई बुरहान न हो

पीरान : सेवा में अर्पित भूमि
बियाबान : सुनसान जंगल
बुरहान : तर्क,दलील, प्रमाण

ज़ख्म

ज़ख्म लेकर मेरे पास आते तुम यदि
गर नहीं करते कोई गुनाह तो मरम्मत करते
नुमाइश करनी थी तुम्हे तो ज़ख्मों की
हम भला कैसे उसका खुराफातन करते
अब ढूंढ रहे हो चारा गर कोई जहां में
रहते ईमान करम पर क्यों जरायम करते
हमसे भी ताल्लुक तुम्हारा रहा होता ठीक
तो हम भी इमदाद उसकी खातिरन करते

जरायम : अनेक प्रकार के अपराध
खुराफातन : झगड़ा, बखेड़ा
इमदाद : मदद

स्त्री

स्त्री,
पूरी पैदा होती है
अपनी
पूरी संभावनाओं के साथ
यहां तक कि
संतानोत्पत्ति के सारे गुणों सहित
फिर भी
कई मायनों में
मरती है जब
अधूरी ही रह जाती है
धरती की तरह
अतृप्त
आकाश की ओर
ताकती सी

दरकार

हुकूमत से दरकार ही क्यों हो?
बेवजह उनसे तकरार ही क्यों हो?
दे नहीं सकती जो रिज्क की रोटी
ऐसी इनसे कोई पुकार ही क्यों हो?,
नियत न हो देने की और जमा करता रहे
ऐसे हकीर के पास वैसा वकार ही क्यों हो?
देने वाला खामोश रहता है सदा ही
देने के बाद देने का जख्खार ही क्यों हो?
भूख से मर गया वो मांगते मांगते ही
ऐसे मजलूम की भला मजार ही क्यों हो?

हकीर : तुच्छ व्यक्ति
वकार : वैभव
ज़ख्खर : घोर से शोर करने वाला

मां

जंगल में जब रात बितानी होती है
मां ही होती है जो पूरी रात नहीं सोती है
पाने को कुछ भी नहीं होता है लेकिन
जीवनभर कुछ न कुछ खोती है
बांट देती है अपना हिस्सा भी वो
भूख का रोना भी वो कब रोती है
न हो घर में तो अंधियारा सा रहता है
वो पूरे घर संसार की ज्योति होती है!,

बेवफाई

बेवफ़ाई हक है तो निभाए
मगर उसके बाद हक न जताए
बेवफाई के कदमों में बदबु होती है
उसे वफ़ा के घर में न ही सजाए
न करे इसको "जस्टिफाई"
इस तरह जुल्मियों को न हंसाए

लाचार मजलूम

भीड़ में खड़े
उस मजलूम के मुंह से
गाली क्या निकली;
वहां खड़ा
हर शख्स
प्रश्नसूचक निगाहों से
एक बार उसे
फिर
खुद की तरफ देखा
नजरें नीची की
और
उधर से गुजर गया!
क्या गुजरा?,
वो खुद?,
उसका ज़मीर?
या फिर वो पल?
जिस पल उस गाली के लिए
उसने जिसको प्रयुक्त किया!

समझ की समझ

जो मज़ाक को भी ताल्लुक समझ लेता है
वो ताल्लुक को मज़ाक कैसे समझेगा?
रुक गई हवा और पानी भी सब ओर से
उस दीवार में कोई भीतर चाक कैसे समझेगा?
लूटकर अमीर लुटेरों से जो धन सारा की सारा
बांट देता है गरीबों में उसे कोई कज्जाक कैसे समझेगा?
करता है दुआएं सब की रिज्क की खातिर
ऐसे कलंदर को कोई अकाज कैसे समझेगा?
जमा करता है खुद अपने लिए चोरी का धन
उसमें बरकत चाहने को रज्जाक कैसे समझेगा?

कज्जाक : डाकू
रज्जाक : रोजी रोटी देने वाला
चाक : दरार

कैसी घड़ी

मै अपनी जड़ों से जुड़ी रही
तने की तरह से खड़ी रही
परिंदे पंख आते ही उड़ गए
जमी के सीने में बस जड़ी रही
जब तक चाहा पंछियों की मौज ने
केवल उनको उछलकूद की पड़ी रही
बीज वो दिया और छोड़ चले सब
न जाने मेरी किस्मत की कैसी घड़ी रही

अलामात

रंग ही तो उड़ा है छत और दीवारें सलामत है
बसर हो रही है इसमें तो उसकी अलामात है
तामीर में जो लगा उतनी अब नहीं लागत
ये फौरी तौर पर की जाएगी ये अनुमानत है
बुनियाद सलामत मरम्मत हो जाएगी रंगत
ये भी भला कोई इमारत में खसारत है
फिक्र करे रोना रोए रंगों के उड़ने का भला
ऐसे नाउम्मीद से लोगों पे बड़ी लानत है

फायदा

मैने खुद को इतना समेटा कि निचड़ गई
उसी एहतियात में मै खुद से बिछुड़ गई
तामीर तो किया था तरीके से खुद को मगर
न जाने क्यों जगह जगह से उधड़ गई
न इधर गई नजर न उधर को गई आंखे
फिर यूं हुआ मैं शून्य की ओर मुड़ गई
इस सिमटने का इतना फायदा हुआ जरूर
मै सदा के लिए खुद के भीतर से जुड़ गई

तूफ़ान

जीवन के
किसी सोपान में
कोई एक
ऐसा तूफ़ान आता जरूर है
जो
बहा ले जाता है
जीवन के
सारे रस
और छोड़ जाता है
बंजर भूमि सी जिंदगी
पल पल
टीस देती है
वो सूखी सी
जगह जगह से
दरकी हुई जिंदगी
और कई बार
आंखों में वो मंजर
घूमता रहता है
और
खौफ़जदा हो जाते है
हम,,,

राहत

कोई तो ऐसा राहत का शिविर लगाए
जिस जगह दर्दों की दवा भी पिलाए
दावते दी जाती है भरे पेट वालो को अक्सर
जिसे भूख लगे कोई उसे भी तो खिलाए
सो रहे है सदियों से यहां मशनद नसी
कोई है जो उनको नींद से जाकर जगाए
किसी को तो हाथ बढ़ाकर देनी होगी राहत
जिससे टाली जा सके ये मुफलिसी की बलाए

खुराफात

वो बातें बड़ी बहुत करता है
लेकिन कोई बात नहीं करता
खबर भेजता है रोज आने की
मगर कभी मुलाकात नहीं करता
खुदगर्ज इतना कि हमारी खुशी वास्ते
पैदा कोई ऐसा हालात नहीं करता
है हाथ में उसके कि कर सकता है इमदाद
अपनी तरफ से कोई सौगात नहीं करता
इतना कमज़र्फ है कि हैरत होती है
फिर भी मन मेरा खुराफात नहीं करता

मोहब्बत

मोहब्बत में कोई चाह नहीं है
इससे आगे कोई राह नहीं है
करके देख ली इसकी थाह नहीं है
बिछुड़ जाए मोहब्बत में जिसका साथी
तो इसके जैसी दूसरी दाह नहीं है
मिट जाए या मिटा दे जमाना इन्हें
जमाने की इनको फिर भी परवाह नहीं है

दुनियां

लोग कहते है दुनिया बस नाम की है
मेरे तो ये दुनिया बड़े ही काम की है
हम सादा दिल गुजारा करते है सादगी से
बाकियों के लिए तो ये तामझाम की है
जिन रोटियों से हम भर रहे है पेट आज
ये तो बची हुई रखी थी जो कल शाम की है
सीता की व्यथा कौन सुने? दुख को देखे कौन
ये खूबसूरत दुनिया तो सिर्फ अपने राम की है

मुआफिक

अल्फ़ाज़ की हकीकत सब सुनते है
दर हकीकत से कोई वाक़िफ नहीं होता
सुनकर चले जाते है भीड़ में सब मगर
अमल करना उस ओर तालीफ नहीं करता
करते है बातें सिर्फ हमे रिझाने की
हमारे लिए कोई काम मुआफ़िक नहीं करता

तालिफ : आकृष्ट करना

बादशाही

बता दूं दुनिया को तुम
यकीन के काबिल न हो तो क्या हो?
ये भी बता दूं कि तुम
मेरे मुक़ाबिल न हो तो क्या हो?
करते रहते हो फैसले मन मर्जी से तुम
जमाने को बोल दूं तुम
आदिल न हो तो क्या हो?
हम जानते है तुम्हे भी और
तुम्हारी रहनुमाई भी तुम
हमे इतने गाफिल न समझते हो तो क्या हो?
बने फिरते हो बादशाह और हुकूमत भी करते हो
हम कर दे तुमको
वहां तज़लील हो फिर क्या हो??

आदिल : न्यायशील
गाफिल : बेखबर
तज़लील : तिरस्कार

शनासाई

नाबिना लोग बहुत ना बिना है दुनिया में लेकिन
कई लोगों के पास तो वाकई बिनाई भी है
कुछ लोग होते है जमाने में जु जबीं अंधे
मगर जो दिख जाए देख ले ऐसे सौदा ई भी है
सब लोग नहीं करते अपने वजूद का हल्ला
यकीनन किसी किसी के पास सनासाई भी है
दिखाई न दे सभी खुदगर्जों को हम तो क्या
खुश है हम हमारे लिए आलम आसना ई भी है

नाबिना : अंधे
बिनाई : देखने के लिए
सौदाई : बावला
सनासाई : परिचय
आलम आशनाई : सारे संसार से परिचय

बे चिराग गांव सी

बेचिराग गांव की मानिंद है जिंदगानी
तारी तो कर दिया जारी नहीं किया
टुकड़े टुकड़े मिले जीने को कुछ कुछ पल
आधे अधूरे बख्श दिए सारी नहीं किया
निभाए सभी ताल्लुक पुरुषार्थ से मगर
पूरे तौर पर हमे कभी भी नारी नहीं किया
शांत, संजीदगी से गुजारी है उम्र पूरी मगर
हासिल के लिए गैर जरूरी मारा मारी नहीं किया

अस्तियो में लिपटा ख्वाब

मेरी अगर अस्तिया बीनो तो
बड़े ध्यान से इन्हें देखना
इनमें लिपटे तुमको मेरे
कई अधूरे गीत मिलेंगे!
मेने तो पूरी निष्ठा से इनके ताने बाने पूरे
गीतों की किस्मत थी जो रह गए अधूरे
अब ये जैसे है जितने है
तुम सब इन्हे सुरक्षित रखना
युगों युगों तक जन्म मरण की यही निभाते रीत मिलेंगे
मेरी अगर अस्तीया,,,
इन गीतों को सुनो!
अस्ति या साथ विसर्जित मत कर देना!
मेरा चित्र जहां पर टांग दोगे
इनको वही पर धर देना
मिला समय तो इनको आकर
किसी रोज पूरा कर दूंगा
इन गीतों की मुट्ठी में ही
नए संगीत मिलेंगे
मेरी अगर अस्तिय,,,
सुनो!
बीन रहे हो तो रोना मत
सब अक्षर गीले हो जाएंगे
सभी अंतरे कसे हुए है
वो सब ढीले हो जाएंगे!
इनको ज्यो कि त्यो रख देना!!

आरपार

ये जो खिड़की है यहां दीवार करना चाहता हूं
उसके ज़ुल्मो की सजा पर वार करना चाहता हूं
वो मुस्कुरा कर जता रहा है खुद को
दू शिकस्त यदि फिर जार जार करना चाहता हूं
बिन मौसम उग आया है गुलाबो की तरह वो
उसे उखेड कर फिर से खार करना चाहता हूं
छोड़ जाता है जो असमंजस मै सभी को वो
उसके इन फैसलों को आर पार करना चाहता हूं

शतरंज

वो बोले कि मेरी बातों में तंज बहुत है
मेने कहा क्या करू मुझे रंज बहुत है
दिखलाओ न बेबसी और मुफलिसी
ढूंढोगे तो मिल ही जायेंगे कंज बहुत है
किया करते हो अक्ल की बाते हर पल
तुम्हारे अलावा भी यहां पर संज बहुत है
दांव पर न लगाओ जिंदगानी को किसी की
खेलने के लिए यहां खेल शतरंज बहुत है

तंज : कटाक्ष
रंज : पीड़ा
मुफलिसी : गरीबी
कं ज : खजाना
संज : समझने या जानने वाला

अलहदा

कोई तकरार तो कोई तकरीर समझता है
कोई अलहदा उस पीर फकीर समझता है
जिसे वकूफी की कमी हो हकी र समझता है
हो बराबर का तो ही सामना करता है
दुर्बल की आजमाईश नहीं होती कदीर समझता है
किसी भी बात की नुमाइश नहीं की जाती है
कहां क्या खोलना ये गफीर समझता है
सब राहे सबके लिए नहीं होती है पता है
किस राह जाना वो खफीर बहुत समझता है

ह की र : तुच्छ
कदीर : बलवान
गफी र : वह जो छिपाता है
खफी र : मार्गदर्शक

बस यूं ही

उसकी दोस्ती ने जमाने को
दुश्मन बना डाला मेरा
अब वो दुश्मनी पे उतरा है
खुदा जाने क्या होगा??

इतने हैरतजदा हुए है हम
कि हैरत होती है कि
अब ऐसी बातों पे हमको
हैरत क्यों नहीं होती

एक विचार

खींच कर नाव अपनी किनारे तक
जमाने को तो बचा लूंगा लेकिन
इस एहतियात में मेरा
घर डूब जाएगा

मेरे मुताबिक मुझे दुख देता तो
उसका बड़प्पन जाहिर होता
अपने हिसाब से उसने तकलीफ दी
वो कमज़र्फ है जाहिर होता है

चुनौती

यूं नहीं है कि तू बादशाह है तो सलाम करु
अदब का तलबगार है इसलिए कलाम करूं
होती बेअदबी मुझमें तो तुझे भी फारिग करते
बदहजमी हो रही है उरूज़ पे तो जवाल करु
रास नहीं आ रही है हुकूमत तुमको तो
बोल क्या तुमको फिर से दुनिया में गुलाम करु
रहनुमाई रख फकीरों सी मकसद के लिए आया
बस इसी शर्त पर रहे तो तुझे अल्लाम करु

उरूज़ : उन्नति
ज्वाला : अवनति
अलाम : महापंडित

इमकान

टूट कर ठीक होने की
संभावनाएं नहीं है मुझमें
बिखर कर नए सृजन के
नए आयाम तय होते है
टूटा हर टुकड़ा
अपना
अलग वजूद लेकर
नए इमकान बनाता है
जो टूटने से पहले से
अधिक मजबूत होकर
खड़ा होता है

खतापोश

आभार से ज्यादा ताकतवर होता है अफ़सोस
लोग आभारी नहीं रहे, हमारा अफ़सोस नहीं गया
हम भटक भटक कर लौट आए है फिर से
आ के देखा कि यहां से वो फरामोश नहीं गया
लौट गए है मतंग मतीन सभी यहां से मगर
इतना जुल्म के बाद भी ये खतापोष नहीं गया
की गई पुरजोर कोशिशें उसे होश मै लाने की
मगर उस जालिम का मदहोश नहीं गया

फरामोश : भूलने वाला
मतंग : फकीर
मतीन : दृढ़
खता पोश : पाप या अपराध पर पर्दा डालने वाला

कमज़र्फी

मै पक्षियों के लिए भी पेड़ लगाती हूं
ताकि उनका बसेरा रहे उस पर
और दाना पानी की व्यवस्था पूरी करती हूं
लेकिन पक्षियों की फितरत देखो
पेड़ों पर लगे अधपके फलो को
टहनियों से तोड़कर
जमीन पर गिरा देते है
न खुद खाते है न पक कर हमे मिल सकते
बस
जीवन में भी ऐसा ही होता है
जिनके लिए भी
गुजर बसर के इंतजामात किए
बस ऐसे ही किया है
कुछ भी फलीभूत होने से पहले

बंदिशी

अजीब बेबसी है, न गम है न खुशी है
हाथ छुड़ाऊ तो पैर पकड़ लेता है वो
देखो जरा ये कैसी उसकी चापलूसी है
मीठा झूठ बोलकर करता है मुत्मइन
घोर न करो तो लगता दिल में खुलूसी है
हमको नहीं रखना एसो से कोई राब्ता
ऐसी भला क्या जबरन की बंदीशी है

खुलुसी : निष्ठा, सच्चाई
मुत्मइन : संतुष्ट
राब्ता : मेलजोल

हर दम

किसी किसी के पास ही आंखे नम करते है
हर किसी के पास थोड़ी गम को कम करते है
मुलाजिमों से कोई उम्मीद नहीं करते इमदाद की
उनकी मुफलिसी में भी मदद भी हम करते है
जरूरत पर ही नहीं करते आसमां की ओर हाथ
उसको तो याद हम हर एक दम करते है

नाशाद

याद से ही याद कर
न किसी से फरियाद कर
जरूर सुनेगा वो पुकार
इस तरह आर्तनाद कर
तर्क दे तथ्यों का
व्यर्थ में न विवाद कर
खुद को रख तरतीब से
तबियत न नाशाद कर

एतबार

उसकी कही गई हर एक बात झूठी निकली
अब वो सच भी बोले तो ऐतबार नहीं आता
इतनी कड़वाहट परोस दी गई चारो तरफ
लेकिन अब जरा सा भी खार नहीं आता
बाते बहुत बोली जाती है सिर्फ बाते ही है
किसी बात का कोई मगर सार नहीं आता
अनगिनत कदम चलते रहे उम्र भर लेकिन
गुजर रहे रास्तों का कोई भी पार नहीं आता

भरम

खुल सकती थी मगर
गिरहें खोलने की
किसी ने भी
हिम्मत नहीं की;
जुर्रत
ये सभी कर गए
चाकू की नोक से
काट डाली गई
वो रस्सी
जो जुड़ी हुई थी!
जुड़े रहती
तो भरम कायम रहता
कि बंधन है
मगर नहीं
गिरहें के भरम तोड़ डाले गए

9 788198 849809

Printed at Repro India Ltd.